CONOCE LAS CIENCIAS BIOLÓGICAS

# LAS BACTERIAS



KATE MIKOLEY
TRADUCIDO POR ALBERTO JIMÉNEZ

Gareth Stevens PUBLISHING

ENCONTEXTO

**Please visit our website, www.garethstevens.com. For a free color catalog of all our high-quality books, call toll free 1-800-542-2595 or fax 1-877-542-2596.**

**Library of Congress Cataloging-in-Publication Data**

Names: Mikoley, Kate, author.
Title: Las Bacterias / Kate Mikoley.
Description: New York : Gareth Stevens Publishing, [2020] | Series: Conoce Las Ciencias Biológicas | Includes index.
Identifiers: LCCN 2019018421| ISBN 9781538250662 (paperback) | ISBN 9781538250686 (library bound) | ISBN 9781538250679 (6 pack)
Subjects: LCSH: Bacteria--Juvenile literature.
Classification: LCC QR74.8 .M54 2020 | DDC 579.3--dc23
LC record available at https://lccn.loc.gov/2019018421

First Edition

Published in 2020 by
**Gareth Stevens Publishing**
111 East 14th Street, Suite 349
New York, NY 10003



Translator: Alberto Jiménez
Editor, Spanish: Rossana Zuñiga
Designer: Reann Nye
Editor: Kate Mikoley

Photo credits: Series art MriMan/Shutterstock.com; cover, pp. 1, 7, 30 (left, middle) Kateryna Kon/Shutterstock.com; p. 5 Compassionate Eye Foundation/Steven Errico/DigitalVision/ Getty Images; p. 9 ANDRZEJ WOJCICKI/ Science Photo Library/Getty Images; p. 11 Vadim Sadovski/Shutterstock.com; p. 13 TinnaPong/Shutterstock.com; p. 15 chakapong/ Shutterstock.com; p. 17 Magic mine/Shutterstock.com; p. 19 Esther Moreno Martinez / EyeEm/Getty Images; p. 21 Hero Images/Getty Images; p. 23 Sunny Forest/Shutterstock.com; p. 25 Oh_Apisit39/Shutterstock.com; p. 27 Korelidou Mila/Shutterstock.com; p. 29 Stephen Simpson/DigitalVision/Getty Images; p. 30 (right) Alexey Godzenko/Shutterstock.com.



Printed in the United States of America

# CONTENIDO



Las palabras del glosario se muestran en **negrita** la primera vez que aparecen en el texto.

# PEQUEÑOS SERES VIVOS

Cuando piensas en los seres vivos, probablemente piensas en los humanos, los animales y las plantas. Sin embargo, también hay otros tipos de seres vivientes ¡que no siempre se pueden ver! Las bacterias son diminutos **organismos** unicelulares.

## SI QUIERES SABER MÁS

Las bacterias son tan pequeñas que, para estudiarlas, los científicos necesitan un instrumento especial llamado microscopio.

Hay muchos tipos de bacterias; sus tamaños y formas son muy variadas. Las hay con forma redonda, con forma de bastón o con forma alargada enrollada en espiral, una curva que da vueltas alrededor de un punto medio.

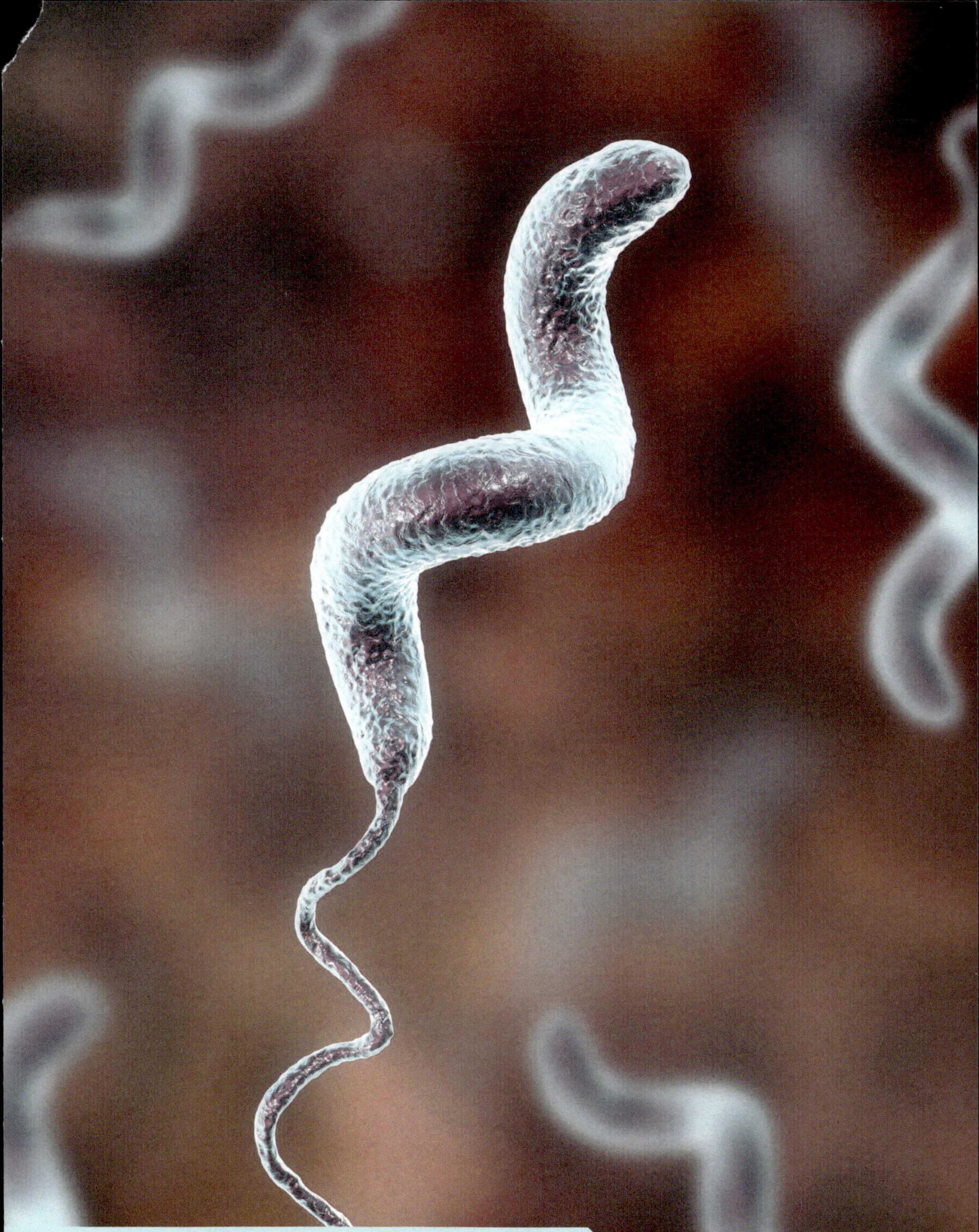

## SI QUIERES SABER MÁS

Las bacterias son parte de un grupo llamado procariotas. Los procariotas son organismos que no tienen un **núcleo** claramente definido.

La célula bacteriana suele tener una pared celular que la protege del **medio ambiente.** Dentro de la célula, el **ADN** está alojado en un área llamada el nucleoide, que parece una especie de cuerda larga y retorcida.

## SI QUIERES SABER MÁS

Los flagelos, similares a pelos largos, ayudan a ciertas bacterias a desplazarse. Los pili, más cortos y finos, las ayudan a adherirse (unirse) a otras células.

# ¿DÓNDE ESTÁN?

Las bacterias pueden encontrarse en todo tipo de ambientes o entornos. Algunas viven en las profundidades de la Tierra. Otras se encuentran en el aire, a tu alrededor, en el océano, el suelo o en tu piel. ¡Incluso viven dentro de las personas!

## SI QUIERES SABER MÁS

¡Hay bacterias hasta en el espacio! Científicos de la NASA han encontrado y estudiado muchas en la Estación Espacial Internacional.

Ciertas bacterias viven en ambientes extremos, próximos al punto de congelación, **temperatura** en la que el agua se convierte en hielo: 32 °F (0 °C) o al punto de ebullición, temperatura en la que el agua hierve, 212 °F (100 °C).

## SI QUIERES SABER MÁS

En pequeñas cantidades, ciertos tipos de bacterias no perjudican la potabilidad del agua. No obstante, el agua potable (bebible) suele tratarse para eliminar las bacterias dañinas.

# BUENAS PARA EL CUERPO

Quizás sepas que las bacterias son **gérmenes** y que estos pueden causar enfermedades. Aunque es cierto, no significa que todas las bacterias son dañinas. De hecho, las que pueden enfermarnos no llegan al uno por ciento del total de las existentes.

## SI QUIERES SABER MÁS

Hay bacterias que combaten ciertas enfermedades. Otras, como las del género *Streptomyces*, incluso producen **antibióticos**.

Después de comer, nuestro cuerpo debe descomponer los alimentos para poder utilizarlos: esto se llama digestión. Gran parte de este proceso tiene lugar en el **intestino**. Lasbacterias intestinales ayudan a utilizar los **nutrientes** de los alimentos que ingerimos.

## SI QUIERES SABER MÁS

Nuestro intestino se divide en grueso y delgado. Las bacterias del intestino grueso ayudan a producir vitamina K, un nutriente fundamental para la sangre y los huesos.

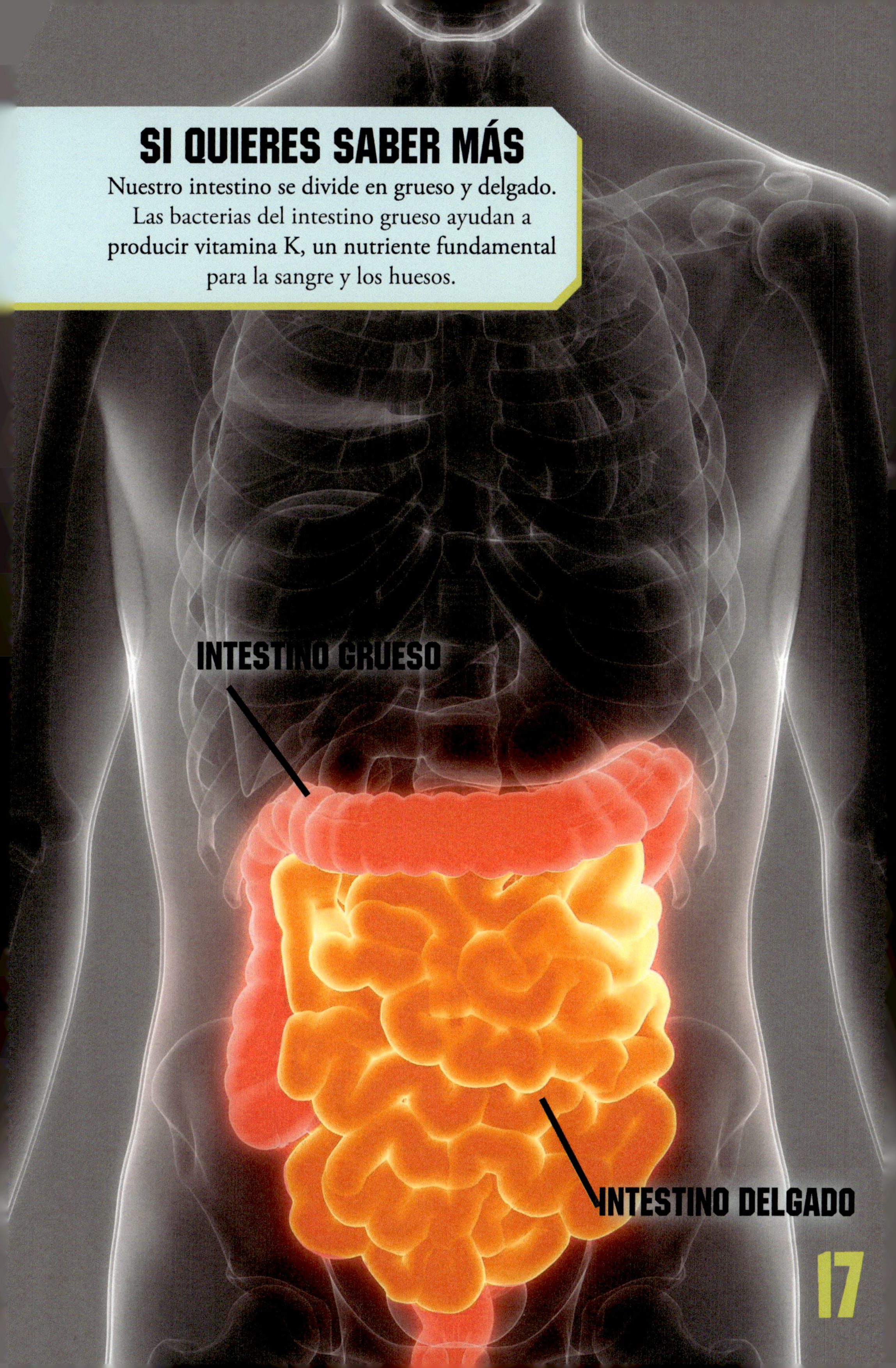

# BACTERIAS DAÑINAS

Aunque hay pocas bacterias patógenas (dañinas), algunas pueden causar enfermedades, como **infecciones** de garganta o de oído. Estas bacterias se **reproducen** con gran rapidez y desprenden toxinas, unas sustancias venenosas que hacen que te sientas mal.

## SI QUIERES SABER MÁS

Ciertas bacterias dañan los dientes, por ejemplo, causando pequeñas cavidades (caries).

# CUIDA TU SALUD

Es imposible evitar por completo las bacterias perjudiciales, pero puedes tomar medidas para cuidar tu salud. Lávate las manos con agua y jabón después de ir al baño, antes de comer y luego de jugar afuera o con animales.

## SI QUIERES SABER MÁS

Si contraes una enfermedad bacteriana, es posible que el médico te recete antibióticos.

# ¡LA RICA BACTERIA!

Las bacterias juegan un papel importante en la elaboración de algunos alimentos. Por ejemplo, el yogur y muchos tipos de quesos se hacen con leche y ciertas bacterias. Algunos encurtidos también se elaboran utilizando un tipo de bacterias. ¡Eso les da su característico sabor agrio!

## SI QUIERES SABER MÁS

Los agujeros del queso suizo se deben a un tipo de bacterias que producen burbujas de gas.

# A DESCOMPONER

Las bacterias son muy útiles en las tierras de cultivo. Las que viven en el suelo ayudan a descomponer plantas y animales muertos. Esta descomposición juega un gran papel en la fertilidad o productividad del terreno.

## SI QUIERES SABER MÁS

Las bacterias llamadas *Rhizobium* son útiles para ciertas plantas, ya que convierten el **nitrógeno** en otra sustancia que las ayuda a crecer.

Los derrames de petróleo son muy perjudiciales para el medio ambiente. Por suerte, hay bacterias capaces de descomponerlo. Si se produce un derrame, se rocía dichas bacterias para eliminarlo.

## SI QUIERES SABER MÁS

Estas bacterias son capaces de descomponer el petróleo: se pegan a las gotas y las transforman en **dióxido de carbono**.

# ¿BUENAS O MALAS?

Muchas personas creen que las bacterias son dañinas y que solo sirven para propagar enfermedades. En algunos casos es cierto, pero la mayor parte de las bacterias resultan muy útiles, ¡tanto para los humanos como para el planeta Tierra!

## SI QUIERES SABER MÁS

¿Te has notado mal aliento al despertarte? ¡Se debe a que las bacterias se acumulan en tu boca mientras duermes!

# ÚTILES Y PERJUDICIALES

## BACTERIAS BUENAS

·luchan contra enfermedades
·ayudan con la digestión
·ayudan al cuerpo a usar nutrientes
·ayudan a producir algunos alimentos
·ayudan a descomponer sustancias perjudiciales

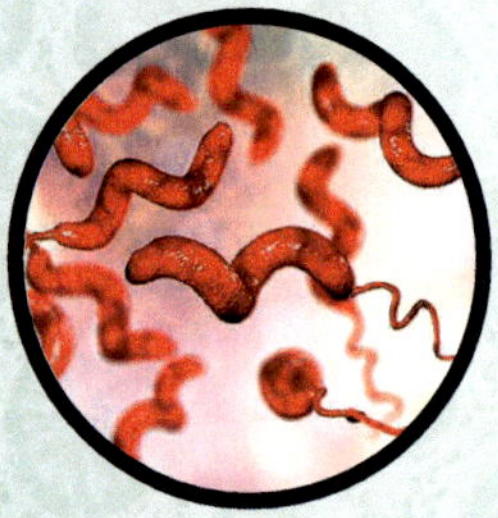
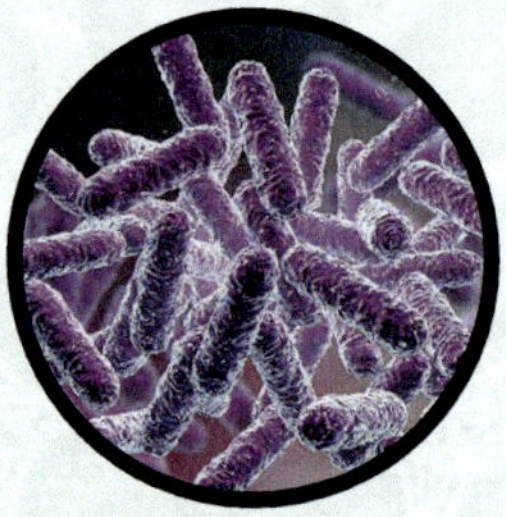
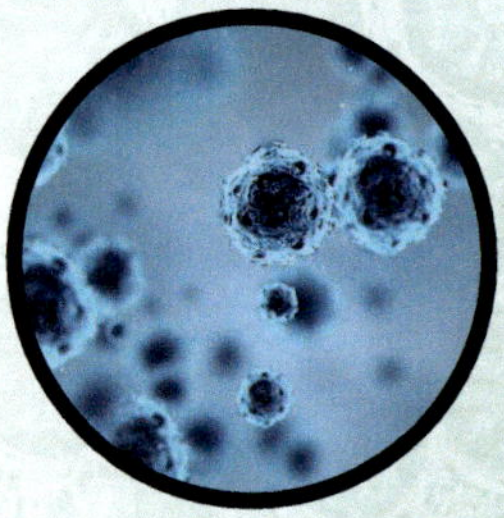

## BACTERIAS MALAS

·causan enfermedades
·provocan caries
·contaminan el agua y los alimentos

# GLOSARIO

**ADN:** parte de un ser vivo que contiene su información genética, sus instrucciones para la vida.

**antibiótico:** medicamento que mata gérmenes, como bacterias patógenas (dañinas).

**dióxido de carbono:** gas que exhalan los animales.

**germen:** organismo microscópico que puede provocar enfermedades.

**infección:** enfermedad causada por gérmenes.

**intestino:** conducto del aparato digestivo.

**medio ambiente:** mundo natural en que vive un animal o una planta.

**nitrógeno:** gas incoloro e inodoro que juega un papel importante en la salud de las plantas.

**núcleo:** parte central de muchos tipos de células.

**nutriente:** algo que un ser vivo necesita para crecer y seguir viviendo.

**organismo:** ser vivo.

**reproducirse:** proceso por el que un organismo crea otra criatura igual a sí misma.

**temperatura:** qué tan caliente o frío está algo.

# PARA MÁS INFORMACIÓN

## LIBROS

Kawa, Katie. *We Need Bacteria.* New York, NY: PowerKids Press, 2016.

Rake, Jody Sullivan. *Roots, Bulbs, and Bacteria: Growths of the Underground.* North Mankato, MN: Capstone Press, 2016.

## SITIOS DE INTERNET

**Biología para niños: Bacterias**
*www.ducksters.com/science/bacteria.php*
Descubre más cosas sobre estos organismos diminutos.

**¿Qué son los gérmenes?**
*kidshealth.org/en/kids/germs.html*
Para que sigas aprendiendo acerca de bacterias y demás.

**Nota del editor para educadores y padres:** nuestro personal especializado ha revisado cuidadosamente estos sitios web para asegurarse de que son apropiados para los estudiantes. Muchos sitios de internet cambian con frecuencia, por lo que no podemos garantizar que posteriores contenidos que se suban a esas páginas cumplan con nuestros estándares de calidad y valor educativo. Tengan presente que se debe supervisar cuidadosamente a los estudiantes siempre que tengan acceso al Internet.

# ÍNDICE